I0167067

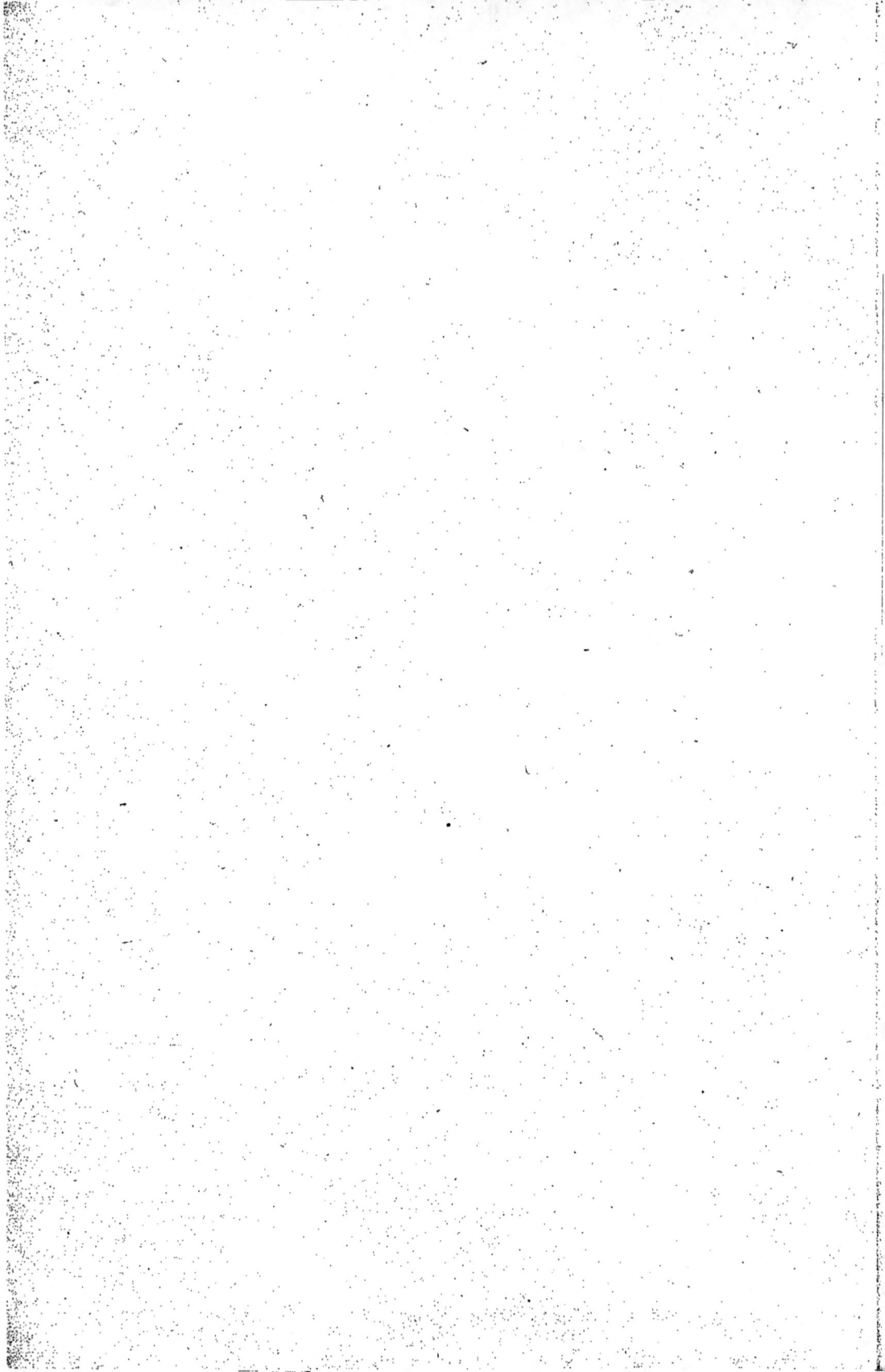

8°- 4th - 288

L'AGENT DE CHANGE,

OU

UNE FIN DE MOIS,

DRAME EN TROIS ACTES,

IMITÉ DE BEAUMARCHAIS,

PAR MM. MERLE, DAUBIGNY ET MAURICE ALHOY,

REPRÉSENTÉ, POUR LA PREMIÈRE FOIS, A PARIS, SUR LE THÉATRE DE LA PORTE SAINT-MARTIN, LE 22 FÉVRIER 1825.

PRIX : 1 FR. 50 CENT.

PARIS.

POLLET, LIBRAIRE-ÉDITEUR DE PIÈCES DE THÉATRE, RUE DU TEMPLE, N° 36, VIS-A-VIS LA RUE CHAPON.

1825.

PERSONNAGES.	ACTEURS.
CERNÉVILLE, Agent de Change............	M. Moessard.
DARMANCOURT, Receveur général..........	M. Thérigny.
De LARONCIÈRE, Inspecteur du Trésor. . . .	M. Meynier.
GUSTAVE, Fils de Darmancourt............	M. Paul.
EUGÉNIE, Nièce de Cerneville............	Mlle Jonas.
DUBREUIL, Caissier de Cerneville.........	M Ducy.
COMTOIS, Domestique de Cerneville........	M Vissot.

La scène se passe chez Cerneville, à Paris.

Vu au ministère de l'intérieur, conformément à la décision de S. Ex., en date de ce jour.

Paris, le 13 février 1825.

Par ordre de son Excellence,

Le chef du bureau des théâtres,

COUPART.

IMPRIMERIE DE DAVID, RUE DU FAUBOURG POISSONNIÈRE, N° I.

L'AGENT DE CHANGE,

ou

UNE FIN DE MOIS,

DRAME.

ACTE PREMIER.

Le Théâtre représente un salon ; à droite, une porte sur laquelle on lit : CAISSE.

SCÈNE PREMIÈRE.

EUGÉNIE, GUSTAVE.

EUGÉNIE, *au piano.*

Comment trouvez-vous cette romance ?

GUSTAVE.

Eugénie a le secret de donner une telle expression à tout ce qu'elle chante, qu'elle fait croire à la perfection.

EUGÉNIE.

C'est votre avis que je demande, et non des éloges.

GUSTAVE.

Je le dis aussi... Elle me plairait moins, chantée par une autre.

EUGÉNIE.

Fort bien ... Gustave, je vous laisse... Je n'ai point vu mon oncle.

GUSTAVE, *l'arrêtant.*

Il est sorti, il va ...

EUGÉNIE.

A la bourse, apparemment.

GUSTAVE.

Je le crois... C'est le moment de la liquidation, et demain le jour où les agens de change règlent leurs comptes et payent ou touchent les différences des affaires qu'ils font pendant le courant du mois. Ce moment est souvent critique et dangereux pour eux, il exige qu'ils se voyent.

EUGÉNIE.

Ah ! mon oncle est si prudent, si rangé! il n'y a rien à craindre pour lui ; mais savez-vous pourquoi il s'est retiré si tard cette nuit?

GUSTAVE.

Il est resté fort long-temps à causer avec mon père, qui se plaignait à lui du refus qui m'a été fait de la survivance de sa place.. Si quelqu'un m'a desservi, ce ne peut être que M. de Laroncière.

EUGÉNIE.

Que vous êtes injuste ! J'ai vu tout ce qu'il a écrit en votre faveur.

GUSTAVE.

On fait voir tout ce que l'on veut.

EUGÉNIE.

Vous vous plaisez bien à l'accuser.

GUSTAVE.

Pas tant que vous à le défendre.

EUGÉNIE.

Votre bonheur serait que personne ne m'aimât... vous voudriez qu'on ne pût me souffrir.

GUSTAVE.

Je ne désire pas l'impossible ... Il est assez simple que j'abhorre un homme qui affiche des sentimens pour vous.

EUGÉNIE, *plaisantant.*

Gustave, cessez de vous tourmenter, ou je ne vous appelle plus mon frère.

GUSTAVE.

Si ce nom vous déplaît, vous pouvez m'y faire renoncer, en m'en donnant un plus doux. Eugénie, accordez-moi le pardon de ce que j'ai dit.

EUGÉNIE.

Je l'avais déjà oublié.

GUSTAVE, *lui baisant la main.*

Je signe l'acte du raccommodement.

EUGÉNIE.

Finissez, monsieur Gustave, je vous l'ai déjà dit, ces libertés m'offensent. . . . . laissez-moi.

GUSTAVE, *souriant.*

C'est un tribut d'admiration que je paie au talent.

(*Darmancourt est entré pendant cette scène.*)

SCÈNE II.

Les Précédens, DARMANCOURT.

EUGÉNIE.

Monsieur Darmancourt a-t-il bien passé la nuit ?

DARMANCOURT.

Très-bien, Eugénie ; quand tout le jour on est entouré de ceux qu'on aime, et qu'on partage tous ses instans entre l'amitié et son devoir, la nuit nous apporte un sommeil paisible et des songes rians. — Bon jour, Gustave ; tu es resté une partie de la nuit au bureau, c'est bien : continue ; fais-toi une habitude du travail ; il deviendra bientôt pour toi un plaisir, et plus tard une nécessité.

EUGÉNIE.

Je veux profiter du conseil. Monsieur Darmancourt, j'ai l'honneur de vous saluer.—Adieu, monsieur Gustave ; je vais prendre une leçon de dessin.   (Elle sort.)

SCÈNE III.

DARMANCOURT, GUSTAVE.

DARMANCOURT, à Gustave, qui regarde Eugénie sortir.

Ma présence semble vous gêner, Gustave ; ce salon n'a-t-il plus de charmes pour vous, quand vous n'y trouvez plus que moi ?

GUSTAVE.

O mon père ! pouvez-vous penser ? . . . .

DARMANCOURT.

La conversation d'Eugénie. . . . . .

GUSTAVE.

Ne peut me faire oublier l'agrément de la vôtre ; et j'ai souvent sacrifié son amabilité à vos conseils. Il est vrai, je l'avoue, je recherche avec empressement toutes les occasions qui me ramènent auprès d'elle ; et je crois qu'Eugénie ne trouve aucun motif pour s'éloigner de moi.

DARMANCOURT.

Cette aimable confiance de l'innocence n'autorise point à lui manquer.

GUSTAVE.

Moi ! lui manquer ! mon père !

DARMANCOURT.

Oui, mon fils; c'est lui manquer que de vous montrer à ses
yeux dans ce négligé, parce qu'elle ignore le danger, ou vous
estime assez pour n'en point craindre avec vous; est-ce une
raison d'oublier ce que vous devez à son sexe, à son âge, à son
état?

GUSTAVE.

Je ne vais point chez elle ainsi. Ce salon nous est commun;
nous y avons toujours étudié le matin. . . . quand on demeure
ensemble. . . . Mais, mon père, jusqu'à présent vous ne m'avez
rien dit. . . . . . . Est-ce M. Cerneville qui a fait cette re-
marque?

DARMANCOURT.

Son oncle? . . . . . Non, mon ami. Aussi simple qu'honnête,
Cerneville ne suppose jamais le mal où il ne le voit pas; mais
tout occupé de ses affaires, en vous recevant dans sa maison, il
a dû s'en rapporter à moi sur les sentimens d'honneur et de délicatesse que j'avais mis dans votre cœur; et il a dû penser que
son Eugénie, malgré la familiarité qui existe entre vous, était
suffisamment garantie par les soins que j'ai pris de votre éducation.

GUSTAVE.

Eh quoi! mon père, vous pourriez supposer!

DARMANCOURT.

Eugénie n'est plus un enfant, mon fils; et ces familiarités
d'autrefois. . . . . . !

GUSTAVE, *un peu déconcerté.*

J'espère ne jamais oublier ce que je lui dois, et lui montrer
toujours autant de respect que je renferme pour elle d'attachement dans mon cœur.

DARMANCOURT.

Pourquoi le renfermer, s'il n'est que raisonnable? Mais si cet
attachement avait un caractère plus sérieux, c'est alors que vous
auriez besoin d'observer votre conduite; c'est lorsque vous la
trouvez seule, mon fils, qu'il faut la respecter. La première pu-
nition de celui qui manque à la retenue, est d'en perdre bientôt
le goût: une faute en amène une autre; elles s'accumulent; le
cœur se déprave; on ne sent plus le frein de l'honnêteté que pour
s'armer contre lui; on commence par être faible, on finit par
être coupable.

GUSTAVE, *déconcerté.*

Mon père, ai-je donc mérité une réprimande aussi sévère?

DARMANCOURT, *d'un ton plus doux.*

Des avis ne sont point des reproches. Allez, mon fils; mais
n'oubliez jamais que la nièce de votre ami, du bienfaiteur de

votre père, doit être sacrée pour vous ; souvenez-vous qu'elle
n'a point de mère qui veille à sa sûreté. Songez que mon honneur et le vôtre doivent être ici les appuis de son innocence et
de sa réputation. Rendez-vous au bureau.   (*Gustave sort.*)

SCÈNE IV.

DARMANCOURT, *seul.*

S'il s'était douté que je l'eusse vu, il eût mis à se disculper
toute l'attention qu'il a donnée à ma morale. On ne se ment pas
à soi-même ; et s'il a tort, il se fera bien, sans moi, l'application
de la leçon. Ceci me rappelle avec quel soin Cerneville détour-
nait la conversation hier soir, quand je le mis sur l'établissement de sa nièce ! . . . Sa nièce !.. mais est-il bien vrai qu'elle le
soit ? . . . Son embarras, en me parlant, semblait tenir . . . .
de la confusion. . . . Je me perds dans mes soupçons. . , . Quoi
qu'il en soit, je ne veux pas que mon ami puisse jamais me
reprocher d'avoir fermé les yeux sur leur conduite.

SCÈNE V.

DARMANCOURT, COMTOIS.

COMTOIS, *à la cantonnade.*
Il n'y est pas, M. Dubreuil.

DARMANCOURT.
Qu'est-ce ?

COMTOIS.
Ah ! ce n'est rien .. c'est ce gros monsieur...

DARMANCOURT.
Quel monsieur ?

COMTOIS.
Celui qui vient.. qui m'a tant fait rire le jour de cette histoire..

DARMANCOURT.
Est-ce qu'il n'a pas de nom ?

COMTOIS.
Si fait, il a un nom... monsieur... monsieur... c'est qu'il s'appelle encore autrement.

DARMANCOURT.
Autrement que quoi ?

COMTOIS.
Je l'ai bien entendu, peut-être : celui qui parle toujours de

piastres, de ducats, qui achète à terme, vend à prime, propose des valeurs de tous les pays, et qui dîne à 22 sols rue de l'Arbre-Sec.

DARMANCOURT.

Ah ! j'entends, quelque joueur de bourse.

COMTOIS.

C'est ça.

DARMANCOURT.

Mais ce n'est pas moi qu'il cherche.

COMTOIS.

C'est M. Dubreuil.

DARMANCOURT.

Qu'il passe à la caisse.

COMTOIS.

Il en vient, monsieur; le caissier n'est-il pas déjà sorti !

DARMANCOURT.

Un jour comme celui-ci ! il est donc fou ?

COMTOIS.

Je ne sais pas.

DARMANCOURT.

Voyez à sa chambre, au jardin, partout.

COMTOIS.

Mais j'ai mon ouvrage... et si je ne le trouve pas, qu'est-ce qu'il faudra que je lui dise ?

DARMANCOURT.

Rien, car on ne finirait plus.

(*Comtois sort.*)

SCÈNE VI.

DARMANCOURT , *seul.*

Qui croirait qu'un garçon aussi simple fût le fait d'un homme aussi vif que Cerneville ! sa règle est assez juste : aux gens de cet état, moins d'esprit, moins de corruption.

SCÈNE VII.

DARMANCOURT, DUBREUIL.

DUBREUIL.

Enfin, vous êtes seul.

DARMANCOURT.

On vous cherche, monsieur Dubreuil.

DUBREUIL.

Je le sais. Depuis une heure, monsieur, j'épie le moment de vous trouver seul.

DARMANCOURT.

Que me voulez-vous ?

DUBREUIL.

Puis-je parler en liberté ?

DARMANCOURT.

Vous êtes pâle, défait !

DUBREUIL.

Ah ! monsieur !

DARMANCOURT.

Expliquez-vous.

DUBREUIL.

Comment vous apprendre le malheur...

DARMANCOURT.

Sortez de ce trouble, parlez.

DUBREUIL.

Vous aimez M. Cerneville ?

DARMANCOURT.

Si je l'aime !... Vous me faites trembler !

DUBREUIL.

A moins d'un miracle, il faut qu'il manque demain à ses paie-mens ; il faut...

DARMANCOURT.

Malheureux ! si quelqu'un vous entendait... D'où savez-vous ? Cela ne peut-être.

DUBREUIL.

M. Cerneville avait à Londres pour deux millions de valeurs.

DARMANCOURT.

Dans la maison Hartley, je le sais.

DUBREUIL.

Il me dit, il y a quinze jours , d'écrire à ce banquier et de lui demander un mandat sur la banque.

DARMANCOURT.

Après ?

DUBREUIL.

Au lieu d'argent que j'attendais aujourd'hui, je reçois la nou-velle que le mandat a été mis sur le paquebot *le Duncan*.

DARMANCOURT.

Eh bien !

DUBREUIL.

Le paquebot a fait naufrage.

DARMANCOURT.

Pourquoi cet effroi ? en mettant opposition au mandat dans le cas où quelques mains perfides se le seraient approprié, en en obtenant un double, Cerneville touchera ses fonds, c'est tout au plus un retard... achevez.

DUBREUIL.

J'ai tout dit. Notre payement était fondé sur ces rentrées qui n'ont jamais manqué ; nous n'avons pas 10,000 francs en caisse.

DARMANCOURT.

Et vous devez en payer demain ?

DUBREUIL.

Onze cent mille francs Vous connaissez la probité, les principes de M. Cerneville, il en mourra... Un homme si délicat, si bienfaisant, si prudent en affaires... Ah ! monsieur, vous seul pouvez lui apprendre...

DARMANCOURT.

Il n'est pas possible que Cerneville n'ait pas chez lui de quoi parer à cet accident.

DUBREUIL.

Eh ! monsieur, vous connaissez votre ami : depuis trente ans qu'il exerce sa charge avec honneur, jamais il n'a hasardé la moindre opération pour son compte ; et l'immense fortune qu'il a acquise par son travail est placée en entier dans ses belles propriétés de la Touraine, et dans quatre ou cinq manufactures qu'il a créées et qui lui doivent leur prospérité. M. Hartley, à son dernier voyage à Paris, a fait, comme à son ordinaire, de grandes affaires à la bourse ; il est parti pour Londres, en nous chargeant de payer pour lui selon son usage ; il devait nous envoyer les fonds avant la fin du mois par un mandat sur la banque, qui a plus de trois millions à lui.

DARMANCOURT, *réfléchissant.*

Je connais à Cerneville 600,000 fr. qu'un ami, m'a-t-il dit, lui a confiés.

DUBREUIL.

Il ne les a plus ; il les a placés dans la même maison de Londres..... Aujourd'hui, tout est là, tout manque à la fois; il périt au milieu des richesses.

DARMANCOURT.

Oui, il en mourra !... l'homme le plus vertueux, le plus sage, une réputation si intacte..... S'il suspend ses paiemens, s'il faut que son honneur..... J'ai bien ici 100,000 écus à moi, mais cela ne suffit pas.

DUBREUIL.

A peu près le quart de ce qu'il nous faut.

DARMANCOURT.

Hartley, c'est la maison la plus sûre et la plus riche de Londres.

DUBREUIL.

M. Cerneville a fait avec elle plus de trente millions d'affaires, qui n'ont jamais éprouvé le moindre retard ; il a fallu l'accident horrible de ce naufrage.

DARMANCOURT.

Mais vous êtes bien sûr, monsieur Dubreuil ?

DUBREUIL.

Eh! monsieur, lisez vous même; voici une lettre qui vient de m'arriver de Boulogne, par un courrier.

DARMANCOURT, *lisant.*

« Je vous annonce, monsieur, avec le plus vif regret, que le
» paquebot *le Duncan*, expédié de Douvres par M. Hartley, ban-
» quier de Londres, a échoué la nuit dernière sur la plage de
» Vimereux; d'après ce que nous a dit le capitaine, le seul de
» l'équipage qui ait été sauvé par nos pilotes, il était porteur d'un
» paquet à l'adresse de votre maison, contenant un mandat
» de 1,200,000 francs sur la Banque de France. M. Hartley
» avait frété pour son compte ce paquebot, le seul, qui
» ait pu partir des côtes d'Angleterre depuis trois jours.
» Le gros temps continue, et l'on persiste à croire qu'il n'arrivera
» pas encore demain de nouvelles de Londres. Je m'empresse
» de vous prévenir, monsieur, de ce fâcheux accident et de vous
» assurer, etc.
» Boulogne sur mer, le 26 septembre. » (*après avoir réfléchi.*)
Monsieur Dubreuil!

DUBREUIL.

Monsieur !

DARMANCOURT.

Allez m'attendre dans mon cabinet ; ne voyez personne; enfermez-vous, enfermez-vous soigneusement... Je vous rejoins, j'ai besoin de me recueillir. Il vient, ne vous trahissez pas.

SCÈNE VIII.

Les Précédens, CERNEVILLE.

CERNEVILLE.

Bonjour, Darmancourt...—Ah! vous voilà, Dubreuil... Eh bien! mon ami, je viens en entrant de rencontrer un courrier ; je n'en doute pas, c'est celui que nous attendions.

DUBREUIL.

Oui... monsieur, en effet, c'est le courrier qui devait...

CERNEVILLE.

Ce bon Hartley, c'est l'exactitude en personne. Tu avais beau craindre ; moi , j'étais parfaitement tranquille. Ah ça, Dubreuil, faites .recevoir de suite à la banque , les 1 100, ooo francs qu'il nous faut pour demain ; quant au reste , nous verrons l'emploi que nous en ferons. Je voudrais un placement sûr pour 6oo, ooo fr., nous en reparlerons.

DARMANCOURT, *à part.*
Grand Dieu ! comme il s'abuse !

CERNEVILLE.
Dubreuil, mes bordereaux de payement ce soir, et la situation de ma caisse.

DUBREUIL.
Oui, monsieur, vous aurez ce que vous demandez. (*En s'en allant* (O ciel ! comment jamais lui apprendre... (*Il sort.*)

SCÈNE IX.

DARMANCOURT, CERNEVILLE.

CERNEVILLE
Je t'ai bien désiré tout-à-l'heure, tu m'aurais vu batailler.

DARMANCOURT.
Contre qui ?

CERNEVILLE.
Le coulissier Saint-Just, qui, ayant des vues secrètes sur une charge d'agent de change, m'insinuait l'amour de la retraite et le désir de me retirer de la compagnie.

DARMANCOURT.
Ma foi, mon ami , à ton âge, avec ta fortune, je voudrais te savoir hors des affaires.

CERNEVILLE.
Mon cher Darmancourt, je dois encore mon exemple et les leçons de ma vieille expérience à mes jeunes confrères; notre parquet a besoin de quelques hommes de la vieille roche.

DARMANCOURT.
Quelques-uns de tes collègues se sont vus quelquefois exposés à de si terribles revers...

CERNEVILLE.
Tu m'y fais songer... A l'air de certaines personnes que j'observais hier à la bourse, je gagerais que cette fin de mois ne se passera pas sans quelque banqueroute considérable.

DARMANCOURT.
Je ne vois jamais ce temps de crise, sans éprouver un serrement de cœur sur le sort de ceux à qui il peut être fatal.

CERNEVILLE.

Et moi, je dis que la pitié qu'on a pour les fripons, n'est qu'une misérable faiblesse, un vol qu'on fait aux honnêtes gens... La race des bons est-elle éteinte, pour...

DARMANCOURT.

Je ne parle point des fripons, mais d'honnêtes négocians malheureux.

CERNEVILLE.

Les malhonnêtes gens sont moins à craindre que ceux-ci ; l'on s'en méfie; leur réputation garantit au moins de leur mauvaise foi.

DARMANCOURR.

Fort bien; mais...

CERNEVILLE.

Mais un méchant qui travaille vingt ans à passer pour un honnête homme, porte un coup mortel à la confiance, quand son fantôme d'honneur disparaît. L'exemple de sa fausse probité fait qu'on n'ose plus se fier à la véritable.

DARMANCOURT.

Mon cher Cerneville, n'y a-t-il pas donc des faillites excusables? Il ne faut qu'une mort, un retard de fonds, il ne faut qu'une banqueroute frauduleuse un peu considérable pour en entraîner une foule de malheureuses.

CERNEVILLE.

Malheureuses ou non, la sûreté des fortunes ne permet pas d'admettre ces subtiles différences; et les faillites qui sont exemptes de mauvaise foi, ne le sont presque jamais de témérité.

DARMANCOURT.

Mais c'est outrer les choses, que de confondre ainsi.

CERNEVILLE.

Je voudrais qu'il y eût là-dessus des lois si sévères, qu'elles forçassent enfin tous les hommes d'être justes.

DARMANCOURT.

Eh! mon ami, les lois contiennent les méchans sans les rendre meilleurs; et les mœurs les plus pures ne peuvent sauver un honnête homme d'un malheur imprévu, et quelques-uns de tes confrères même...

CERNEVILLE.

Monsieur, la probité de l'agent de change importe à trop de gens pour qu'on lui fasse grâce en pareil cas.

DARMANCOURT.

Mais, écoutez-moi.

CERNEVILLE.

Je vais plus loin : je soutiens que l'honneur des autres est engagé à ce que celui qui ne paie pas soit flétri publiquement.

DARMANCOURT, *mettant ses mains sur son visage.*
Ah! bon dieu!

CERNEVILLE.

Oui, flétri! s'il est malheureux, entre mourir et paraître indigne de vivre, le choix est bientôt fait, je crois : qu'il meure de douleur! Mais que son exemple terrible augmente la prudence et la bonne foi de ceux qui l'ont sous les yeux.

DARMANCOURT.

Vous condamnez sans distinction à l'opprobre un infortuné comme un coupable.

CERNEVILLE.

Je n'y mets pas de différence.

DARMANCOURT.

Quoi! si l'un de vos amis, victime des événemens...

CERNEVILLE.

Je serais son juge le plus sévère.

DARMANCOURT.

Si c'était moi?

CERNEVILLE.

Si c'était toi!... Son air m'a fait trembler.

DARMANCOURT.

Vous ne répondez pas?

CERNEVILLE.

Si c'était vous!.. (*avec effusion*) mais premièrement. tu n'es pas agent de change. Voici comme tu fais toujours, quand tu ne peux convaincre mon esprit, tu attaques mon cœur.

DARMANCOURT, *à part.*

O ciel! comment lui apprendre....

SCÈNE X.

Les Précédens, COMTOIS.

COMTOIS, *à Cerneville.*
Une lettre pour monsieur Cerneville. On attend la réponse.
CERNEVILLE, *à Comtois, après avoir jeté les yeux sur la lettre.*
Qu'on appelle M. Dubreuil. (*Comtois sort.*)

SCÈNE XI.

DARMANCOURT, CERNEVILLE.

CERNEVILLE.

Un de mes collègues, M. Richard, qui doit toucher demain sur moi 400,000 fr., me demande d'avancer le paiement.

DARMANCOURT.

Que vas-tu faire ?

CERNEVILLE.

Ah ! Darmancourt, voilà une singulière question.

SCÈNE XII.

Les Précédens, DUBREUIL.

CERNEVILLE.

Dubreuil , préparez 400,000 fr. pour M. Richard ; j'avance le payement pour lui

DARMANCOURT.

Comment faire ?

DUBREUIL, *regardant M. Darmancourt.*

Cruel incident !

CERNEVILLE, *allant à une table où il y a plume et papier.*

Trop heureux de pouvoir faire quelque chose pour cet estimable collègue ; je vais lui mander qu'il peut envoyer quand bon lui semblera. (*Il entre dans la caisse.*)

SCÈNE XIII.

DARMANCOURT, DUBREUIL.

DARMANCOURT.

Que résoudre! (*Il est plongé dans la rêverie.*) Le temps presse... Avoir à choisir entre deux devoirs qui se contrarient et s'excluent. Si je laisse périr mon ami pouvant le sauver....... mon ingratitude..... son malheur..... mes reproches..... sa douleur.... la mienne...... je sens tout cela...... mon cœur se déchire !.... Si je dispose en sa faveur des fonds qu'on me laisse ? après tout, ils ne courent aucun risque. (*Il soupire.*) Scrupules, prudence, vous m'éloignez du malheureux ; mais la compassion m'en rapproche. Si l'amitié m'égare , au moins je serai seul à plaindre , et mon ami sera sauvé ; mon malheur ne me laissera pas sans consolations. Monsieur Dubreuil, entrez dans ma chambre ; voici la clé de mon portefeuille, vous y trouverez 800,000 fr. en billets de banque, je vous apporterai le reste de ce qui vous manque en or, que j'ai dans mon secrétaire; disposez vos payemens sans éclat, comme si le paquebot fût arrivé ; et moi je vais partir pour Londres.

DUBREUIL.

Et vous ne voulez pas qu'il sache ?...

DARMANCOURT.

Quel que soit son danger, je le connais : la crainte de me nuire lui ferait tout refuser.

DUBREUIL.

Vous le quittez de reconnaissance.

DARMANCOURT.

Exiger de la reconnaissance, c'est vendre ses services. Mais ce n'est pas ici le cas ; Cerneville m'a souvent donné l'exemple de ce que je fais pour lui... N'ajoutez pas un mot : une partie des fonds que je vous remets est à moi ; puis-je les user mieux au gré de mon cœur ? Quant à l'autre, j'aurai le temps nécessaire. Je ne verse au Trésor qu'au 15 du mois prochain.

DUBREUIL.

Mais, s'il vous arrivait un ordre extraordinaire ?

DARMANCOURT.

Je vous ai dit que je vais à Londres ; je rapporterai pour Cerneville le mandat sur la Banque ; et j'en ferai de l'argent si l'on m'en demande.

DUBREUIL, *à part, en s'en allant.*

Quel ami !

SCÈNE XIV.

CERNEVILLE, DARMANCOURT.

CERNEVILLE, *entrant au moment où Dubreuil sort.*

Un des plaisirs les plus vifs que l'homme puisse éprouver est celui d'obliger. Comtois !.. portez cette lettre (*Le domestique sort.*) Mon ami, qu'as-tu donc ?... tes traits me semblent altérés.

DARMANCOURT, *se remettant.*

Non, mon ami ; c'est une petite contrainte, causée par la nécessité d'une absence de quelques jours.

CERNEVILLE.

Comment, à Paris depuis si peu de temps, tu pars !

DARMANCOURT.

Oui... ta chaise de poste.

CERNEVILLE.

Est à ta disposition... Où vas-tu ?

DARMANCOURT.

A Londres.

CERNEVILLE.

Ce voyage si subit n'annonce-t-il aucun accident ?

DARMANCOURT.

Rassure-toi. (*En ce moment, Dubreuil sort de la caisse, portant sur ses épaules un sac d'argent.*)

SCÈNE XV.

Les Précédens, DUBREUIL.

CERNEVILLE.

Dubreuil est dans ta chambre.

DARMANCOURT.

Je l'ai prié de me changer de l'argent pour du papier sur Londres.

DUBREUIL, *bas à Darmancourt.*

Monsieur, voici le reçu. (*Il lui glisse un papier dans la main.*)

CERNEVILLE.

Dubreuil (*Il l'attire vers la table où il a écrit*), tenez, voilà plusieurs bordereaux qu'il faudra coter ainsi. (*Il lui explique.*)

DARMANCOURT, *lisant à voix basse.*

« Je soussigné, caissier de M. Cerneville, ai reçu de M. Darmancourt, payeur général, la somme de 800,000 livres. » Dérobons-le aux regards de Cerneville. (*Il serre le papier.*)

CERNEVILLE.

Dubreuil, ne faites pas attendre M. Richard, quand on se présentera. Si dans vos courses, vous passiez devant chez lui, je vous saurais gré de lui remettre les fonds. (*Dubreuil sort.*)

SCÈNE XVI.

DARMANCOURT, CERNEVILLE.

CERNEVILLE.

Mon ami, tu as quelque peine secrète, ou quelqu'affaire d'une importance bien majeure... tu restes plongé dans tes réflexions.

DARMANCOURT.

Je songe aux préparatifs de mon voyage. Quelle heure est-il?

CERNEVILLE.

Il n'est pas midi.

DARMANCOURT.

Avant deux heures, je suis en route.

CERNEVILLE, *à part.*

En poste... à Londres... si promptement... je ne comprends pas (*haut*)... Ah! j'avais oublié... Ce matin, j'ai rencontré M. de Laroncière, ton inspecteur général; il est à Paris depuis hier.

DARMANCOURT, *ému.*

M. de Laroncière est à Paris!

L'Agent de change.   a

CERNEVILLE.

Parbleu ! il arrive de sa tournée. Il a passé trois jours dans
ton département ; il doit venir nous voir un de ces jours.

DARMANCOURT.

Un de ces jours (*à part*)... je respire !

SCÈNE XVII.

Les Précédens, COMTOIS.

COMTOIS.

M. de Laroncière.

DARMANCOURT.

Ciel, que ne suis-je parti ! Mais, je m'allarme ; peut-être
n'est-ce qu'une visite d'amitié.

SCÈNE XVIII.

Les Précédens, LARONCIERE, GUSTAVE.

CERNEVILLE, *à Laroncière.*

Arrivez-donc ; nous parlions de vous.

DARMANCOURT.

Soyez le bien venu, monsieur ; je ne m'attendais pas à vous
voir aussitôt.

LARONCIÈRE.

J'avais une bonne nouvelle à annoncer à M. Darmancourt ; et
je n'ai pas voulu remettre à demain le plaisir de la lui apprendre.

DARMANCOUVT.

Une bonne nouvelle, à moi !

LARONCIÈRE.

Je sors de chez le ministre, et son excellence a eu la bonté de
signer, en ma présence, la nomination de monsieur votre fils à
votre survivance ; et je n'ai pas voulu qu'un autre que moi vous
en apportât le brevet.

GUSTAVE.

Ah ! mon Eugénie !

DARMANCOURT.

Monsieur de Laroncière, je suis pénétré de tant de bontés.

LARONCIÈRE.

On ne devait pas moins à un homme de votre mérite ; mais quelque désir que j'aye eu de vous servir en cette affaire, je ne puis

vous cacher que vous devez cette faveur aux sollicitations de M. Cerneville.

DARMANCOURT.

Monsieur, son généreux caractère ne se dément point. Mais un autre, m'avait-on assuré, avait obtenu cette grâce.

CERNEVILLE, *riant.*

C'était moi.

DARMANCOURT.

Ce solliciteur dont le crédit?...

CERNEVILLE.

C'était moi... je m'en occupais depuis long-temps... Il a donné les premiers soins à l'éducation de ma nièce, un enfant charmant...

GUSTAVE.

Oui, adorable !

CERNEVILLE, *prenant la main de Darmancourt.*

Ne m'a-t-il pas promis d'étendre ses soins jusqu'à mon fils, lorsqu'il sera en âge d'en profiter?... il faut bien que j'établisse le sien.

DARMANCOURT, *à part.*

A quel ami je rends service !

GUSTAVE.

Ah! monsieur, je ne me sens pas de joie ! Courons annoncer cette nouvelle à Eugénie. (*Il sort.*)

SCÈNE XIX.

DARMANCOURT, CERNEVILLE, LARONCIERE.

DARMANCOURT.

Eh bien ! l'étourdi qui oublie de vous faire ses remercîmens.

LARONCIÈRE.

Laissons le jouir de sa satisfaction, et parlons d'un autre motif qui m'a amené.

DARMANCOURT.

Que veut-il dire ?

LARONCIÈRE, *à Cerneville.*

Vous permettez que nous traitions devant vous ?

CERNEVILLE.

Liberté entière aux affaires, et pour peu que...

LARONCIÈRE.

Il n'y a point de mystère. L'objet de ma mission est de rassembler tous les fonds épars dans les caisses de nos divers receveurs et de les faire passer sur le champ au trésor.

DARMANCOURT.

Qu'entends-je !

LARONCIÈRE.

J'ai appris, dans ma tournée, que j'avais des grâces à rendre à M. Darmancourt, il m'a sauvé les trois quarts de l'ouvrage.

DARMANCOURT, *interdit.*

Monsieur...

CERNEVILLE.

Ah! vous pouvez vous flatter, messieurs, que c'est un de vos bons receveurs, il est exact et toujours prêt... il ne fait pas travailler vos fonds, lui.

LARONCIÈRE.

Il est vrai qu'aujourd'hui une chose aussi simple est presqu'une vertu. Commençons donc par envoyer cet argent attendu ; alors, dégagé de tous soins, je pourrai jouir du plaisir de philosopher quelques heures avec vous. (*Darmancourt paraît plongé dans une profonde rêverie.*) Je ne sais si je m'abuse, mais M. Darmancourt me semble aujourd'hui plutôt disposé à des opérations de comptes qu'à des réflexions d'une joyeuse philosophie.

DARMANCOURT.

Je... je rêvais aux diverses sommes qui m'ont été remises.

LARONCIÈRE.

J'ai l'état ici... voulez-vous que nous passions dans votre cabinet.

DARMANCOURT, *embarrassé.*

Si vous restez à dîner avec nous...

CERNEVILLE.

Eh! mais, puisque tu vas partir pour ton voyage.

LARONCIÈRE.

Vous ne me faisiez pas cette confidence ?... je m'applaudis d'avoir devancé votre départ.

DARMANCOURT, *plus troublé.*

Je différerais.

CERNEVILLE.

Moi, je vous conseille de terminer de suite.

LARONCIÈRE.

C'est bien dit.

CERNEVILLE.

Si ton domestique est absent, mon garçon de caisse ira faire le versement.

LARONCIÈRE.

Rien de plus obligeant.

CERNEVILLE.

Allons, allons, débarrassez-vous la tête.

DARMANCOURT, *outré, à Cerneville.*

Et vous, n'embarrassez pas la vôtre, mon officieux ami.

CERNEVILLE.

Comment donc ?

DARMANCOURT, *déconcerté, à Laroncière.*

Monsieur, vous me prenez dans un moment au dépourvu.

LARONCIÈRE.

Que dites-vous, monsieur ?

DARMANCOURT.

Je le dis... (*à part*) et je sens la rougeur qui me surmonte.... il faut l'avouer , ce que vous me demandez est impossible.

LARONCIÈRE.

Impossible ! et vous partiez ?

DARMANCOURT.

Il est vrai.

LARONCIÈRE.

Savez-vous , monsieur , les soupçons qu'on pourrait prendre ?

CERNEVILLE.

Fi donc , monsieur de Laroncière.

LARONCIÈRE.

Je vous demande pardon; mais l'air, le ton, les discours me paraissent si clairs. . Ce voyage.

CERNEVILLE.

N'y a-t-il pas mille raisons ?

LARONCIÈRE.

Un instant, je vous prie... Avez-vous touché le montant de toutes les recettes, monsieur ?

DARMANCOURT.

Je ne puis le nier.

LARONCIÈRE.

Pouvez-vous faire partir aujourd'hui tout l'argent que vous devez avoir ?.. Parlez, monsieur, car mes ordres sont tels, que, sur votre réponse, il faut que je prenne un parti sur le champ.

CERNEVILLE.

Vous ne répondez pas ?

DARMANCOURT, *à Cerneville.*

Homme cruel ! (*d'un air accablé.*) Je ne le puis avant huit jours.

LARONCIÈRE.

Huit jours !... Il ne m'est pas permis d'accorder trois heures, l'argent est annoncé... C'est avec regret, monsieur...

DARMANCOURT.

Je ne saurais l'empêcher... mais jamais tant de douleurs n'ont accablé un honnête homme.   (*Il sort.*)

CERNEVILLE.

Arrêtez, Darmancourt!

DARMANCOURT.

Laissez-moi! laissez-moi!

(*Darmancourt cherche à s'éloigner, Cerneville le retient avec force et indignation. Laroncière fixe sur lui des regards sévères. Dubreuil paraît sur la porte de la caisse, et semble remercier Darmancourt qui l'apercevant seul lui fait signe de se taire.*)

FIN DU PREMIER ACTE.

ACTE II.

SCÈNE PREMIÈRE.

DARMANCOURT, GUSTAVE.

DARMANCOURT, *avec chagrin.*

Ne me suivez pas, mon fils.

GUSTAVE.

Eh quoi! vous refusez de m'entendre.... Grand Dieu! serait-il possible!... Ce que je viens d'apprendre.... Ah! souffrez que je reste près de vous.

DARMANCOURT.

Retirez-vous, je vous l'ordonne.

GUSTAVE.

Vous abandonner dans un moment si terrible!

DARMANCOURT.

Votre douleur m'importune... elle m'offense.

GUSTAVE.

Je connais trop mon père pour soupçonner rien qui lui soit injurieux; mais si votre bonté me laissait percer un mystère...

DARMANCOURT.

Mon fils..

GUSTAVE.

Ne puis-je trouver le moyen de vous servir, d'adoucir vos peines?

DARMANCOURT.

A ton âge, il est des devoirs dont on ne peut sentir toute l'obligation.

GUSTAVE.

Vous m'avez appris à respecter tous ceux qui sont sacrés pour vous. Daignez m'accorder un peu de confiance.

DARMANCOURT.

Mon ami, tu commences ta carrière quand je finis la mienne, et l'on voit différemment. L'intérêt du passé touche peu les jeunes gens : ils sacrifient beaucoup à l'espérance ; mais quand la vieillesse arrive, dégoûté du présent, effrayé sur l'avenir, que reste-t-il à l'homme ? l'unique plaisir d'être content du passé. (*d'un ton plus ferme.*) J'ai fait ce que j'ai dû, et vous défends de me presser davantage.

GUSTAVE.

Les suites de cette journée me font trembler.

DARMANCOURT.

M. de Laroncière est généreux ; il réfléchira, avant de perdre un homme dont la conduite fut jusqu'ici sans reproche.

GUSTAVE.

Ah, mon père ! si cet espoir seul soutient votre courage, le mien m'abandonne entièrement. M. de Laroncière est votre ennemi.

DARMANCOURT.

Arrêtez, Gustave ; ne calomniez pas un homme, parce qu'il fait son devoir.

GUSTAVE, *vivement.*

Il aime Eugénie ; il me croit son rival ; jugez s'il nous hait, et si la jalousie ne lui fera pas pousser les choses...

DARMANCOURT.

D'où naîtrait cette jalousie ?... Nuire à ses desseins... Nous .., moi-même ne serais-je pas le premier à presser Cerneville de conclure un mariage aussi avantageux pour sa nièce, s'il avait la folie de s'y refuser ? Courez donc le tirer d'erreur, mon fils. . . . . mais non, il convient que ce soit moi-même, et je vais...

GUSTAVE.

Arrêtez, mon père ! Eugénie m'aime ; elle vient de me l'avouer... N'aurais-je donc reçu sa foi que pour la trahir à l'instant.

DARMANCOURT, *surpris.*

Reçu sa foi ?...

GUSTAVE.

La céder me couvrirait de honte inutilement.

DARMANCOURT, *s'échauffant.*

Mon fils...

GUSTAVE.

Eugénie me mépriserait, sans ratifier cet indigne traité.

DARMANCOURT, *en colère.*

Quoi donc, monsieur! me croyez-vous déjà si méprisable?... mon infortune a-t-elle éteint en vous le respect?

GUSTAVE.

Ah! mon père!... Chère Eugénie!

SCÈNE II.

Les Mêmes, CERNEVILLE.

CERNEVILLE, *se jetant dans un fauteuil et s'essuyant le visage.*

Me voilà revenu.

GUSTAVE, *tremblant.*

Monsieur, vous quittez M. de Laroncière, n'avez-vous rien ga- sur cet homme impitoyable?

CERNEVILLE.

M. de Laroncière n'est point dur, c'est un homme juste : chargé par le ministère d'ordres pressans, il trouve un vide immense dans une caisse qui devait offrir de grandes ressources ; il m'a objecté mes principes, je suis resté muet. Il allait faire saisir les papiers de monsieur.

GUSTAVE, *effrayé.*

Saisir les papiers!

CERNEVILLE.

A peine ai-je obtenu de lui le temps de venir prendre quelque éclaircissement sur une aventure aussi incroyable.

DARMANCOURT.

Je n'en puis donner aucun, mon ami.

CERNEVILLE.

Je rougirais toute ma vie d'avoir été le vôtre, si vous étiez coupable d'une si basse infidélité.

DARMANCOURT.

Rougissez donc, car je le suis.

CERNEVILLE, *s'échauffant.*

Vous l'êtes!

GUSTAVE.

Cela ne se peut pas.

CERNEVILLE, *d'un ton plus doux.*

Avez-vous eu l'imprudence d'obliger quelqu'un avec ces fonds? Parlez... Au moins, vous avez une reconnaissance, un titre, une excuse qui permette à vos amis de s'employer pour vous.

DARMANCOURT, *vivement*.

Je n'ai pas dit que j'eusse prêté l'argent.

CERNEVILLE.

Vous l'aviez lundi.

GUSTAVE, *tremblant*.

Hier encore, je l'ai vu, mon père.

CERNEVILLE.

Trois cent mille francs à vous, destinés à l'établissement de votre fils, où sont-ils?

DARMANCOURT.

Toutes les pertes du monde me toucheraient moins que l'impossibilité de justifier ma conduite.

CERNEVILLE.

Vous gardez le silence avec moi?

GUSTAVE.

Mon père!...

DARMANCOURT.

Plus vous êtes mon ami, moins je dois parler.

CERNEVILLE.

Votre ami? je ne le suis plus.

GUSTAVE.

Ah, monsieur!

CERNEVILLE.

« Si c'était moi, » me disait-il, ce matin.... Ainsi, donc, en défendant les fripons, c'était ta cause que tu plaidais.

DARMANCOURT.

Je n'ai plaidé que celle des infortunés.

CERNEVILLE.

Avec quel sang-froid!... Je mourrais de douleur, si rien de semblable....

DARMANCOURT.

Je n'en suis que trop certain.

CERNEVILLE.

Et tu soutiens mes reproches!

DARMANCOURT.

Plût au ciel que j'eusse pu les éviter!

CERNEVILLE.

En fuyant honteusement.

DARMANCOURT.

Moi! fuir!

CERNEVILLE.

Ne partez-vous pas?

GUSTAVE, *pénétré*.

Ah, monsieur!

DARMANCOURT, *avec dignité.*

N'avez-vous jamais été blâmé, pour l'action même dont votre vertu se glorifiait ?

CERNEVILLE, *s'échauffant.*

Invoquer la vertu, lorsqu'on manque à l'honneur !

GUSTAVE, *d'un ton sombre.*

Monsieur....

DARMANCOURT, *avec douleur.*

Cerneville, je puis beaucoup souffrir de vous.

CERNEVILLE, *avec feu.*

Les voilà donc, ces philosophes ! Ils font indifféremment le bien ou le mal, selon qu'il sert à leurs vues.

GUSTAVE, *plus fort.*

Monsieur Cerneville....

CERNEVILLE.

Vantant à tout propos la vertu dont ils se moquent... et ne songeant qu'à leurs intérêts, dont ils ne parlent jamais.

GUSTAVE, *s'échauffant.*

Monsieur Cerneville ! ...

CERNEVILLE, *plus vite.*

Comment un principe d'honneur les arrêterait-il, eux qui n'ont jamais fait le bien que pour tromper impunément les hommes?

DARMANCOURT, *avec douleur.*

J'ai pu quelquefois me tromper moi-même.

CERNEVILLE, *avec fureur.*

Un honnête homme qui s'est trompé, ne rougit pas de mettre sa conduite au grand jour.

DARMANCOURT.

Il est des momens où, forcé de se taire, il doit se contenter du témoignage de son cœur.

CERNEVILLE, *hors de lui.*

Le témoignage de son cœur ! L'intérêt personnel renverse ici toutes les idées.

DARMANCOURT, *emporté par la chaleur de Cerneville.*

Eh bien, injuste ami ! .... (*à part*) Ah ! dieu ! qu'allais-je faire ?

CERNEVILLE.

Tu voulais parler?

DARMANCOURT, *avec chagrin.*

Je ne répondrai plus..   (*Il va s'asseoir.*)

CERNEVILLE, *indigné.*

Va, tu me fais bien du mal, tu me rends à jamais soupçonneux, méfiant et dur. Toutes les fois que je verrai l'empreinte de la vertu sur le visage de quelqu'un, je me souviendrai de toi.

GUSTAVE , *en colère.*

Cessez , monsieur.

CERNEVILLE.

Je dirai : ce masque imposteur m'a séduit trop long-temps ; et je fuirai cet homme.

GUSTAVE.

Cessez, vous dis-je ; quittez ce ton outrageant. De quel droit osez-vous le prendre avec mon père ?

CERNEVILLE.

Quel droit, jeune homme ! Celui que toute âme honnête a sur un coupable.

GUSTAVE.

L'est-il à votre égard ?

CERNEVILLE.

Oui, puisqu'il se manque à lui-même.

GUSTAVE, *outré.*

Arrêtez !.... ou je ne garde plus de mesure avec vous.

DARMANCOURT.

Quel emportement, mon fils ! il a raison ; et si j'avais à rougir de ma conduite, les reproches de cet honnête homme.... Laissez-nous.

SCÈNE III.

Les Précédens, EUGÉNIE.

EUGÉNIE.

Un instant a détruit le bonheur et la paix de notre maison. Ah ! mon oncle.

CERNEVILLE.

Tu me vois entre la conduite du père qui m'indigne, et la présomption du fils qui me menace.

EUGÉNIE.

Lui !... vous, Gustave !

GUSTAVE, *tremblant.*

Il outrage mon père sans ménagement, j'ai long-temps souffert.....

EUGÉNIE, *bas.*

Imprudent !

GUSTAVE.

Eugénie !

DARMANCOURT, *à son fils.*

Sortez, je vous l'ordonne.

GUSTAVE, *furieux.*

Oui, je sors! (*à part.*) Mais l'odieux instigateur de tant de cruauté....

EUGÉNIE , *avec effroi.*

Il va se perdre.

DARMANCOURT, *saisissant le bras de son fils.*

Qu'avez-vous dit ?

GUSTAVE, *hors de lui.*

J'ai dit... (*Il se retient pour cacher son projet.*) que je ne vis jamais tant de barbarie.   (*Il sort.*)

SCÈNE IV.

CERNEVILLE, EUGÉNIE, DARMANCOURT.

CERNEVILLE.

Il s'obstine à se taire, et je ne puis rien découvrir.

EUGÉNIE , *à Darmancourt.*

Mon ami, pourquoi ne pas déposer votre secret dans le sein de mon oncle... Si vous saviez comme il vous aime.

CERNEVILLE, *indigné.*

Moi ! je l'aime !

EUGÉNIE, *avec ardeur.*

Oui, vous l'aimez ; ne vous en défendez pas.

CERNEVILLE, *douloureusement.*

Eh bien oui; je l'aime, et c'est ma honte; mais je ne l'estime plus, et voilà mon malheur.

DARMANCOURT, *attendri.*

Cerneville, attends quelques jours avant de juger ton ami.

CERNEVILLE.

Parle donc, malheureux. Coupable ou non, si je puis te servir..

EUGÉNIE.

Voyez la douleur où vous nous plongez.

DARMANCOURT, *pénétré.*

Mes amis , l'honneur me défend de parler. Je ne suis pas encore coupable, je le deviendrais si je restais plus long-temps .... Adieu, adieu, mes amis.   (*Il sort.*)

SCÈNE V.

EUGÉNIE, CERNEVILLE.

CERNEVILLE, *le regardant sortir.*

Je suis outré contre lui. Cependant, il faut l'avouer, il m'a touché jusqu'au fond de l'âme.

EUGÉNIE.

Non, il n'est pas coupable... il aura rendu quelque grand service dont'tout le mérite à ses yeux est peut-être de rester ignoré.

CERNEVILLE.

Mais manquer de fidélité.

EUGÉNIE.

Avec un homme du caractère de Darmancourt, je suis tentée de respecter tout ce que je ne puis comprendre.

CERNEVILLE.

Quelque usage qu'il ait fait de ses fonds, il est inexcusable.

EUGÉNIE.

Ah ! mon oncle, n'abandonnez pas votre ami.

CERNEVILLE.

Tu me presses de l'obliger... Apprends que je l'ai tenté... j'ai offert ma garantie à M. de Laroncière.

EUGÉNIE.

Il l'a refusée ?

CERNEVILLE.

Il faut que les 1100, 000 francs de Darmancourt soient versés aujourd'hui même au trésor.

EUGÉNIE, d'un ton insinuant.

N'y a-t-il donc aucun moyen de faire cette somme?

CERNEVILLE.

Onze cent mille francs, à la veille de la liquidation. Si mes traites de Londres m'avaient manqué, je ne sais moi-même ce que je serais devenu.

EUGÉNIE.

Vous m'avez dit si souvent que vous aviez beaucoup de ces effets, dont on pouvait se servir au besoin.

CERNEVILLE.

Mes placemens sont faits depuis long-temps; j'ai tout remis à Hartley à son dernier voyage; et c'est cette créance qui compose les fonds qui me sont arrivés de Londres aujourd'hui.

EUGÉNIE.

Eh ! bien, mon oncle, ces six cent mille francs, puisque vous les avez, vous pourriez en disposer.

CERNEVILLE, avec chaleur.

Veux-tu que je me rende coupable de l'abus de confiance que je reproche à ce malheureux? La seule chose peut-être sur laquelle il ne puisse y avoir de composition, c'est un dépôt. De l'argent prêté, on l'a reçu pour s'en servir, mille raisons peuvent en faire excuser le mauvais emploi; mais un dépôt... il faut mourir auprès.

EUGÉNIE.

Si on parlait à celui de qui vous le tenez ?

CERNEVILLE.

Apprends qu'il n'en a ramassé les fonds que pour acquitter une dette immense ; il les destine à réparer, s'il se peut, des torts! Mais tu m'accuserais de dureté... Tu veux le voir, parle-lui, j'y consens, il est prêt à t'entendre, et cet homme... c'est moi.

EUGÉNIE, *avec joie.*

Ah! je respire! mes amis seront sauvés.

CERNEVILLE.

Avant que d'être généreux, Eugénie, il faut être juste.

EUGÉNIE.

Qui oserait vous taxer de ne pas l'être ?

CERNEVILLE.

Toi-même, à qui je vais enfin confier le secret de cet argent. Ecoute, juge moi : J'étais sans fortune, la fille d'un riche négociant m'avait permis de l'obtenir de ses parens ; ma demande fut rejetée avec dédain ; dans le désespoir où ce refus nous mit, nous n'écoutâmes que la passion ; un mariage secret nous unit. Mais la famille, loin de le confirmer, renferma cette malheureuse victime, et l'accabla de tant de mauvais traitemens qu'elle perdit la vie, en la donnant à une fille que les cruels dérobèrent à tous les yeux.

EUGÉNIE.

Pauvre enfant !

CERNEVILLLE.

Je la crus morte avec sa mère ; je les pleurai long-tems !... Enfin, j'épousai la nièce de M. Després, mon prédécesseur. Mais le hasard me fit découvrir que ma fille était vivante. Je lui donnai des soins, je la retirai secrètement ; et depuis la mort de ma femme, j'ai pris tous les ans sur ma dépense une somme propre à lui faire un sort indépendant du bien de mon fils. Voilà quelle est la malheureuse propriétaire de ces six cent mille francs ; crois-tu, mon enfant, qu'il y ait un dépôt plus sacré ?

EUGÉNIE.

Non, il n'en est pas.

CERNEVILLE.

Puis-je toucher à cet argent ?

EUGÉNIE.

Vous ne le pouvez pas. Mais vous êtes attendri, je le suis moi-même. Pourquoi donc cette infortunée m'est-elle inconnue ? pourquoi me faites-vous jouir d'un bien-être et d'un état qui lui sont refusés ? Ah! je brûle de m'acquitter envers elle de tout ce que je vous dois. Allons la trouver, faisons lui part de nos peines ; elle est votre fille ; peut-elle n'être pas compatissante et généreuse ?

CERNEVILLE.

Que dis-tu , Eugénie ? tout son bien, le seul dédommage-
ment de son infortune, tu veux le lui arracher!

EUGÉNIE.

Nous aurons fait notre devoir envers nos amis.

CERNEVILLE.

Elle se doit la préférence.

EUGÉNIE.

Elle peut vous l'accorder.

CERNEVILLE.

Mets-toi à ma place ; une telle proposition...

EUGÉNIE.

Ah ! comme j'y répondrais !

CERNEVILLE.

Si elle nous refuse ?

EUGÉNIE.

Nous ne l'en aimerons pas moins ; mais n'ayons aucun reproche
à nous faire,

CERNEVILLE.

Tu l'exiges ?

EUGÉNIE , *vivement.*

Mille, mille raisons me font un devoir de la connaître.

CERNEVILLE , *d'une voix étouffée.*

Ah ! mon Eugénie !

EUGÉNIE.

Qu'avez-vous ?

CERNEVILLE.

Mon secret s'échappe avec mes larmes.

EUGÉNIE.

Mon oncle...

CERNEVILLE.

Ton oncle !

EUGÉNIE.

Quels soupçons !...

CERNEVILLE.

Tu vas me haïr.

EUGÉNIE.

Parlez.

CERNEVILLE.

O précieux enfant !

EUGÉNIE.

Achevez.

CERNEVILLE , *lui tendant les bras.*

Tu es cette fille chérie.

EUGÉNIE, *s'y jetant à corps perdu.*

Ah! mon père!

CERNEVILLE.

Mon enfant, console-moi; dis que tu me pardonnes le malheur de ta naissance.... Combien de fois j'ai gémi de t'avoir fait un sort si cruel!

EUGÉNIE, *avec un grand trouble.*

N'empoisonnez pas la joie que j'ai d'embrasser un père si digne de toute mon affection.

CERNEVILLE.

Eh bien! mon Eugénie, ordonne, exige. Tu m'as arraché mon secret; mais pouvais-je disposer de ton bien sans ton aveu?

EUGÉNIE.

C'est le vôtre, mon père. Ah! s'il m'appartenait...

CERNEVILLE.

Il est à toi. C'est tout ce que je puis faire pour mon Eugénie. Tu sais que toute ma fortune appartient à mon fils. Prescris-moi seulement la conduite que tu veux que je tienne aujourd'hui.

EUGÉNIE, *vivement.*

Mon père, allez, prenez cette somme, offrez-la à M. de Laroncière; qu'elle serve à le désarmer, à sauver nos amis.

CERNEVILLE.

Que te restera-t-il?

EUGÉNIE.

Vos bontés.

CERNEVILLE *la presse contre son sein.*

Chère Eugénie! mon cœur est ému; il faut que je me remette du trouble où cette conversation m'a jeté.

EUGÉNIE, *sortant.*

Ah, Gustave, que je suis heureuse!

SCÈNE VI.

CERNEVILLE, *seul.*

Je suis tout agité. Mon Eugénie!... Quelle jouissance me fait éprouver la bonté de son cœur!.. Ce malheureux Darmancourt!.. Allons, il faut le tirer de ce mauvais pas, toute misérable que soit sa conduite. Ce qu'il ne mérite plus, je me le dois pour l'honneur d'une amitié de quarante ans; pour son fils, que j'aime, que j'estime, lui. Le plus pressé, maintenant, c'est de voir l'inspecteur général. (*Il soupire.*) Non, je ne regrette pas l'argent; mais c'est qu'au fond du cœur, le mépris a remplacé l'estime que j'avais pour cet homme là.

SCÈNE VII.

CERNEVILLE, LARONCIÈRE.

CERNEVILLE.

Ah! pardon, monsieur, vous m'avez prévenu ; j'allais passer chez vous.

LARONCIÈRE.

Je viens vous dire qu'après avoir mûrement réfléchi, il m'est impossible de différer plus long-temps.

CERNEVILLE.

Je fais bon du déficit de Darmancourt.

LARONCIÈRE.

Vous payez les onze cent mille francs ?

CERNEVILLE.

Six cent mille francs que j'emprunte, le reste à moi ; le tout en mandats à vue sur la banque.

LARONCIÈRE, *bas.*

Le mariage est certain... on ne fait pas de tels sacrifices. (*haut*) J'admire votre générosité... Je recevrai la somme que vous offrez ; mais je ne puis me dispenser de rendre compte...

CERNEVILLE.

Quelle nécessité ?

LARONCIÈRE.

Ce que vous faites pour M. Darmancourt, ne lave pas l'abus de confiance dont il s'est rendu coupable.

CERNEVILLE.

Lorsqu'on ne vous fait rien perdre...

LARONCIÈRE.

La même chose peut arriver encore ; et vous ne serez pas toujours d'humeur...

CERNEVILLE.

En ce cas, monsieur, je retire ma parole. C'est son honneur seul qui me touche ; et si je ne le sauve pas en acquittant sa dette, il est inutile que je me dépouille.

LARONCIÈRE.

Les intérêts du trésor à couvert par vos offres, on peut faire grâce à Darmancourt de l'opprobre qu'il a mérité ; mais je deviendrais coupable, si je lui confiais plus long-temps une recette.

CERNEVILLE.

Ainsi, vous lui ôtez sa place ?

LARONCIÈRE.

La lui laisseriez-vous ?

L'Agent de change.   5

CERNEVILLE.

Ah! monsieur, je vous prie...

LARONCIÈRE.

Vous avez de l'honneur, osez me le conseiller... (*Cerneville baisse la tête sans répondre*). J'espère que vous distinguerez ce que je puis accorder et ce que le devoir m'interdit. J'accepte l'argent, je me tairai; mais j'exige qu'il se défasse à l'instant de son emploi, sous le prétexte qu'il voudra.

CERNEVILLE.

J'avoue qu'il n'est pas digne de le garder; mais son fils...

LARONCIÈRE.

Son fils... qui nous en répondrait?

CERNEVILLE.

Moi.

LARONCIÈRE.

C'est beaucoup faire pour eux.

CERNEVILLE.

J'ai vingt moyens de m'assurer de lui.

LARONCIÈRE, *rêvant*.

J'avoue que... je n'ai point d'objection personnelle contre le jeune homme... et dans le dessein où je suis de vous demander une grâce pour moi-même.

CERNEVILLE.

Je pourrais vous obliger !...

LARONCIÈRE.

Sur un point de la plus haute importance.

CERNEVILLE, *vivement*.

Tenez-moi pour déshonoré, si je vous refuse.

LARONCIÈRE.

Puisque vous m'encouragez, je vais parler : Vous connaissez ma fortune; vous avez une nièce, elle m'a charmé! je l'aime; je vous demande sa main , comme la plus précieuse faveur.

CERNEVILLE, *stupéfait*.

Vous me demandez mon Eugénie?

LARONCIÈRE.

Auriez-vous pris des engagemens?

CERNEVILLE.

En vérité, ce n'est pas cela..... mais si vous la connaissiez mieux.

LARONCIÈRE.

Je l'ai étudiée plus que vous ne pensez.

CERNEVILLE.

Cette enfant n'a pas de fortune.

LARONCIÈRE.

Sur un mérite comme le sien, c'est une différence imperceptible.

CERNEVILLE, *à part.*

Comment sortir de ce nouvel embarras ?

LARONCIÈRE.

Vous m'avez assuré que je ne serais pas rejeté.

CERNEVILLE.

Soyez certain qu'elle est trop honorée de votre recherche, et que l'obstacle ne viendra pas de ma part, mais.....

LARONCIÈRE.

Vous me la refusez ?

CERNEVILLE.

Croyez que..... Avant de vous répondre, il faut que je prévienne ma nièce.

LARONCIÈRE.

Souvenez-vous que vous n'avez pas d'engagement.

CERNEVILLE.

Et l'affaire de Darmancourt ?

LARONCIÈRE.

Dans une heure, nous en terminerons deux à la fois. (*Il sort.*)

SCÈNE VIII.

CERNEVILLE, *seul.*

Il sort mécontent.... Le père et le fils sont perdus, s'il se croit refusé... et comment l'accepter ?

SCÈNE IX.

CERNEVILLE, DUBREUIL.

CERNEVILLE.

Ah ! vous voilà, Dubreuil ; que me voulez-vous ?

DUBREUIL.

Monsieur, ce n'est pas vous que je cherchais.

CERNEVILLE.

Qui donc ?

DUBREUIL.

M. Darmancourt.

CERNEVILLE.

Darmancourt !.... Que pouvez-vous donc lui vouloir ? mais le voici... il vaut mieux s'en aller que de se mettre en colère.

(*Il sort, au moment où Darmancourt entre.*)

SCÈNE X.

DARMANCOURT, DUBREUIL.

DARMANCOURT.

Vous m'avez fait prier de vous attendre ; qu'avez vous à m'annoncer de si pressé, monsieur Dubreuil ?

DUBREUIL.

Monsieur, c'est avec douleur que je le dis, il n'est plus temps de se taire, il faut tout déclarer....

DARMANCOURT.

Que dites vous, tout déclarer ?

DUBEUIL.

L'affaire est sur le point d'éclater ; les apparences vous accusent ; qu'opposerez-vous aux jugemens, à l'injure, aux clameurs ?

DARMANCOURT.

Rien..... Le silence et la fermeté que donne l'estime de soi-même.

DUBREUIL.

Malgré l'ordre de M. Cerneville, je n'ai point compé à M. Richard les quatre cent mille francs qu'il demandait, ainsi la somme que j'ai prise dans votre caisse est encore entre mes mains. Quant à M. Cerneville, ce n'est qu'un simple retard ; on prendra des mesures.

DARMANCOURT.

Et si je dis un mot, demain matin il suspend ses paiemens.

DUBREUIL.

Et si vous ne le dites pas, vous êtes perdu ce soir même..... Non, je ne puis souffrir....

DARMANCOURT.

Ecoutez-moi : depuis trente ans que je dois mon état, mon bien-être à Cerneville, voici la seule occasion que j'aie eue de prendre ma revanche. Je quittais le service, il y a quinze ans ; je revenais chez moi blessé, réformé, sans biens ni ressources ; le hasard me fit rencontrer Cerneville, mon ancien camarade de collége ; avec quelle tendresse il m'offrit un asile ! Il sollicita, il obtint, à mon insu, la place que j'occupe encore ; il fit plus, il vainquit ma répugnance pour un état aussi éloigné de celui que j'avais embrassé. Il m'instruisit au travail, m'aida de ses lumières, de sa bourse, enfin me traita comme un frère. Dubreuil, je lui dois ma fortune, ma réputation, ma place ; quel plus bel usage puis-je en faire que de tout sacrifier pour lui ?

DUBREUIL.

Monsieur, vous poussez la reconnaissance bien loin. Songez...

DARMANCOURT.

MonseurDubreuil, c'est à vous que je me suis confié ; et le premier devoir de l'honnête homme n'est-il pas de garder le secret qu'il tient de la confiance et de l'amitié ?

DUBREUIL.

Monsieur, je me tairai.... Mais pour l'exemple des hommes, il faudrait bien que de pareils traits...

DARMANCOURT.

Laissons la maxime et l'éloge aux oisifs ; faisons notre devoir ; le plaisir de l'avoir rempli est le seul prix vraiment digne de l'action. Que fait mon fils ?... J'en suis inquiet... L'avez-vous vu ?

DUBREUIL.

Ah ! c'est pour lui surtout que je vous presse. Il a répandu devant moi des larmes si amères, et m'a quitté avec une impatience, un sentiment si douloureux... Mais quel danger de vous confier à lui?.. Encouragé par votre exemple, il se calmerait, il vous consolerait.

DARMANCOURT.

Me consoler, mon ami ? l'expérience de toute ma vie m'a montré que le courage de renfermer les peines augmente la force de les supporter.... Sauvons-nous d'un attendrissement inutile.

(*Il sort.*)

SCÈNE XI.

GUSTAVE *scul.*

Ah ! cet odieux Laroncière ! je l'ai cherché partout sans le rencontrer... Le déshonneur de mon père est-il déjà public ?... On s'éloigne ; on me fuit. Je perds dans un instant la fortune, l'honneur, toutes mes espérances... et Eugénie !... Eugénie !... elle m'évite à présent.

SCÈNE XII.

EUGÉNIE, GUSTAVE.

(Eugénie a entendu la dernière phrase de Gustave ; elle s'approche avec une vive émotion.)

GUSTAVE, *l'apercevant.*

Qu'une stérile compassion ne vous ramène pas, mademoiselle ; je sais que je vous ai perdu : je connais toute l'horreur de mon sort. Laissez-moi seul à ma douleur.

EUGÉNIE.

Gustave !

GUSTAVE.

Vos consolations ne pourraient que l'irriter.

EUGÉNIE.

Comme le malheur vous rend injuste et dur ! La crainte qu'on ne pense mal de vous, vous donne mauvaise opinion du cœur de tout le monde. Votre ardente vivacité vous a déjà fait manquer à mon oncle.

GUSTAVE, *avec feu.*

Il insultait à mon père ! Avec quelle cruauté il lui développait tout ce que sa situation a d'odieux ! S'il n'eût pas été votre oncle....

EUGÉNIE.

Ingrat ! à l'instant où vous allez tout lui devoir... pendant que son attachement lui fait payer toute la somme à M. de Laroncière.

GUSTAVE, *avec joie.*

Que dites-vous ?... Il nous sauve l'honneur.

EUGÉNIE.

Il va plus loin... Son cœur, qui vous chérit...

GUSTAVE, *vivement.*

Achevez, Eugénie, achevez de mettre le comble à ma joie... il me donne sa nièce.

EUGÉNIE.

Ah ! Gustave, ne parlez plus de sa malheureuse nièce.

GUSTAVE.

Comment ?

EUGÉNIE.

Sa fille...

GUSTAVE.

Sa fille !

EUGÉNIE.

Sa fille, fruit d'une union ignorée, qui vous connaît, qui vous aime, offre à votre père six cent mille francs, qu'elle tient des dons et des épargnes du sien.

GUSTAVE.

Il veut que j'épouse sa fille ! et c'est à ce prix qu'il m'offre ses bienfaits ! Ah ! c'est à présent que je sens toute l'étendue du malheur qui nous accable. Il veut que je renonce à vous, que je me condamne à un désespoir éternel. Mais, non ; qu'il ne l'espère pas ; je le connais trop bien, mon père n'accepterait jamais un pareil sacrifice ; et, je le jure à vos pieds, Eugénie, la fille de M. Cerneville, fût-elle cent fois plus généreuse, ne m'appartiendra jamais.

EUGÉNIE.

Mais si cette fille était ...

GUSTAVE.

Qu'importe ce qu'elle soit, je la refuse.

EUGÉNIE.

Eh ! quoi, vous refusez Eugénie !

GUSTAVE.

Eugénie ! Grand dieu ! que dites-vous ?

EUGÉNIE.

Oui, Gustave, je suis cette fille qu'il pleura si long-temps, et dont des motifs secrets l'ont empêché jusqu'à ce jour de faire connaître la naissance.

GUSTAVE.

Grand dieu! Est-il donc possible !.. Mais oui, j'aurais dû.. Pardon, pardon, de ne pas vous avoir deviné .. quelle autre qu'Eugénie était capable d'abandonner tout son bien pour sauver mon père.

SCÈNE XIII.

Les mêmes, CERNEVILLE.

EUGÉNIE.

Voici mon père ; il nous apporte l'heureuse nouvelle que vous n'avez plus rien à craindre.

GUSTAVE va au devant de Cerneville.

Ah ! monsieur, si le plus amer repentir pouvait effacer de coupables emportemens, si le plus vif regret de vous avoir offensé...

CERNEVILLE.

Offensé !... non, mon ami, j'ai moins vu ta colère que l'honnête sentiment qui la rachetait. Ton respect filial m'a touché.... Demande à Eugénie ce que je lui ai dit.

GUSTAVE.

Je connais les effets de votre amitié, et ma reconnaissance....

CERNEVILLE.

Elle me plaît, mais tu n'en dois que pour ma bonne volonté; tout est bien loin d'être terminé.

EUGÉNIE.

Malgré vos offres ?

GUSTAVE.

Qui donc a suspendu ?..

CERNEVILLE.

La chose la plus étonnante !.. Je parle à M. de Laroncière, il accepte le payement, mais il n'en allait pas moins écrire au ministre. L'honneur, l'état, la survivance, tout était perdu.

GUSTAVE.

Le cruel !

CERNEVILLE.

Grands débats... Il paraît se rendre, je crois tout fini, je lui témoigne le désir de l'obliger à mon tour ; il me prend au mot : dans l'excès de ma joie, j'y engage mon honneur. (*à Eugénie*) Ecoute la conclusion.

GUSTAVE.

Je tremble...

CERNEVILLE.

» Vous avez une nièce charmante ; je l'aime, je l'adore et je demande sa main. »

EUGÉNIE.

Juste ciel !

GUSTAVE.

Je l'avais prévu.

CERNEVILLE, *à Eugénie.*

Tu conçois quel a été mon embarras pour lui répondre.

EUGÉNIE.

Je vois le mal, il est irréparable.

CERNEVILLE, *bas à Eugénie.*

Non ; mais, lorsqu'il m'a demandé ta main, je n'ai pas dû, sans te consulter, aller lui confier le secret de ta naissance. Je viens exprès pour cela ; que lui dirai-je ?

EUGÉNIE, *d'un ton réfléchi.*

Croyez-vous qu'il traitât durement M. Darmancourt, s'il était refusé ?

CERNEVILLE.

Refusé !... de quel droit le sommerais-je de tenir sa parole en manquant à la mienne ? c'est bien alors que tout serait perdu... Mais que faire ? Il veut tout terminer à la fois ; il attend ma réponse.

EUGÉNIE, *regarde Gustave et dit en soupirant.*
Permettez qu'il la reçoive de moi.

GUSTAVE.
De vous, Eugénie ?

EUGÉNIE.
Mon père, faites prier M. de Laroncière de se rendre ici.

GUSTAVE.
Quoi, vous voulez ?...

EUGÉNIE, *se retirant.*
Gustave, il est important que je lui parle.

GUSTAVE.
Je suis perdu !

CERNEVILLE.
Mon ami, plus que jamais nous avons besoin de courage.

Eugénie se laisse tomber, accablée, en se retirant, sur un fauteuil. Gustave se jette dans les bras de Cerneville qui, ému jusqu'aux larmes, le serre sur son cœur.

FIN DU SECOND ACTE.

ACTE III.

SCÈNE PREMIÈRE.

COMTOIS, *seul.*

Ah ! mon Dieu ! qu'est-ce qui se passe donc ici depuis ce matin ? on va, on vient ; M. Darmancourt a l'air triste ; M. Cerneville s'emporte ; mademoiselle Eugénie baisse les yeux ; M. Gustave se promène à grands pas... enfin, jusqu'à M. Dubreuil, le caissier, qui remue comme ça la tête... Parce que tout le monde est de mauvaise humeur, il faut qu'un pauvre domestique soit rudoyé. Je voudrais que chacun ne fût pas plus égaux l'un que l'autre, les maîtres seraient bien attrapés... oui... et mes gages, qu'est-ce qui me les payerait ?

SCÈNE II.

EUGÉNIE, COMTOIS.

EUGÉNIE.

Ah ! te voilà Comtois... Aussitôt que M. Laroncière se présentera, tu viendras m'avertir.

COMTOIS.

Oui, ma'mzelle, je viendrai vous l'annoncer.. mais malgré moi... car depuis que cet inspecteur de caisse est arrivé, toute la maison est désorganisée... On a servi le dîner, personne ne s'est mis à table ; enfin moi, je partage tellement votre tristesse, qu'excepté mes quatre repas, je n'ai rien fait aujourd'hui. Je vais attendre M. de Laroncière.

SCÈNE III.

EUGÉNIE, *seule.*

Voici l'instant qui doit décider de mon sort !... l'amour filial l'a emporté... Gustave a consenti... M. de Laroncière attend mes ordres... pourquoi trembler ! .. l'aveu que je vais lui faire ne peut que m'honorer... Ah ! je pleure et je me soutiens à peine... S'il me surprenait dans cet état !... Eh bien, qu'il me voie ; ne suis-je pas assez malheureuse pour qu'on me pardonne un peu de faiblesse?

SCÈNE IV.

EUGÉNIE, COMTOIS.

COMTOIS.

M. de Laroncière !

EUGÉNIE.

Un moment. (*Elle essuye ses yeux, se promène, se regarde dans une glace, soupire et sourit comme malgré elle ; puis se tournant vers Comtois*) Faites entrer.

(*Comtois place des siéges, et sort.*)

SCÈNE VI.

EUGÉNIE, LARONCIÈRE.

LARONCIÈRE (*Il entre d'un air mal assuré, et reste assez derrière Eugénie.*)
Je me rends à vos ordres, mademoiselle.

EUGÉNIE , *se leve et salue. (a part.*)
A mes ordres... (*Sa respiration se précipite et l'empêche de parler; elle lui montre un siége , en l'invitant du geste à s'y reposer.*
LARONCIÈRE *s'approche, la regarde, et après un assez long silence.*
Ma vue paraît vous causer quelqu'altération; et cependant, M. Cerneville vient de m'assurer...

EUGÉNIE , *avec peine d'abord, et prenant du courage par degré.*
Oui... c'est moi qui l'en ai prié.. Asseyez-vous, monsieur; cet air contraint vous convient beaucoup moins qu'à celle que vos intentions rendent confuse et malheureuse.

LARONCIÈRE.
Malheureuse!... A Dieu ne plaise que je voulusse vous obtenir à ce prix!

EUGÉNIE.
Cependant, vous abusez de la reconnaissance que je dois à M. Darmancourt, pour exiger ma main.

LARONCIÈRE *s'assied.*
Faites-moi la grâce de vous souvenir que mon amour n'a pas attendu cet événement pour se déclarer; vous savez si j'ai souhaité vous devoir à vous-même, et commencer ma recherche par acquérir votre estime.

EUGÉNIE.
Que vous comptez pour assez peu de chose.

LARONCIÈRE.
Daignez m'apprendre comment je prouverais mieux le cas que j'en fais?

EUGÉNIE.
Le voici, monsieur. Si vous croyez votre honneur engagé à rendre un compte rigoureux au ministre, puis-je estimer un homme qui ne paraît se souvenir de ses devoirs que pour les sacrifier?... Et si vous avez feint seulement de croire à cette obligation pour vous en prévaloir ici, que penser de celui qui se joue de l'infortune des autres, et fait dépendre l'honneur d'une famille respectable du caprice de l'amour et des refus d'une jeune fille?

LARONCIÈRE, *un peu déconcerté.*

Je n'ai à rougir d'aucun oubli de mes devoirs ; mais, en supposant que le désir de vous plaire eût été capable de m'égarer, je l'avoûrai, mademoiselle, je n'en attendais pas de vous le premier reproche.

EUGÉNIE.

Le premier, vous l'avez reçu de vous-même, lorsque vous avez mis votre silence à prix.

LARONCIÈRE, *vivement.*

Mon silence !.. quelqu'importance qu'on y attache, il est promis sans condition ; et c'est sans craindre pour vos amis que vous êtes libre de me percer le cœur, en me refusant votre main.

EUGÉNIE, *fermement.*

Peut-être avez-vous cru que j'avais quelque fortune, ou que mon oncle y suppléerait.

LARONCIÈRE, *vivement.*

Pardon, si j'interromps encore.... Je me suis déclaré sur ce point... De tous les biens que vous pourriez m'apporter, je ne veux que vous ; c'est vous seule que je désire.

EUGÉNIE.

Votre générosité, monsieur, excite la mienne, car il y en a sans doute à vous avouer, quand je pourrais me taire, un motif plus humiliant que le manque de fortune.

LARONCIÈRE.

Votre père m'a tout dit. (*Eugénie paraît surprise.*) Je vous admire ; et voici ma réponse : Je suis indépendant ; l'amour vous destina ma main ; la réflexion en confirme le don ; si votre cœur est aussi libre que le mien vous est engagé... Mais sur ce point seulement, j'ose exiger la plus grande franchise.

EUGÉNIE.

Vous agissez si noblement que le moindre détour serait un crime envers vous, sachez donc mon secret le plus pénible. (*Ils se lèvent. Eugénie soupire et baisse les yeux.*) Toute ma jeunesse passée avec Gustave, la même éducation reçue ensemble, une conformité de principes, de goûts, peut-être d'infortunes.

LARONCIÈRE, *péniblement.*

Vous l'aimez ?

EUGÉNIE.

C'est le dernier aveu que vous devait ma reconnaissance.

LARONCIÈRE.

A quelle épreuve mettez-vous ma délicatesse ?

EUGÉNIE.

J'ai beaucoup compté sur elle.

LARONCIÈRE.

Je vois ce que vous espérez de moi.

EUGÉNIE, *avec chaleur.*

Je vous dirai tout. Je ne craindrai pas de fournir à la vertu des armes contre le malheur. Gustave avait mon cœur et ma parole ; mais lorsque mon oncle nous a fait entendre à quel prix vous mettiez la grâce du sien, il a sacrifié toutes ses espérances au salut de son père.

LARONCILRE, *lentement.*

Avant ce jour, savait-il que votre sort était changé ?

EUGÉNIE.

Nous l'ignorions également.

LARONCIÈRE, *vivement.*

Il ne vous aime pas.

EUGÈNIE.

Il mourra de douleur.

SCÈNE VI.

Les Précédens, GUSTAVE, *paraissant dans le fond.*

LARONCIÈRE.

A l'instant qu'il apprend le secret de votre naissance, il vous cède ; il affecte une générosité..... Mademoiselle, je n'étendrai par mes réflexions, dans la crainte de vous déplaire ; mais M. Gustave ne vous aime pas.

GUSTAVE, *s'avançant furieux.*

Oh ciel ! je ne l'aime pas !

LARONCIÈRE, *froidement.*

Monsieur, vous nous écoutiez ?

GUSTAVE.

Je ne l'aime pas, dites-vous ?

LARONCIÈRE.

Je n'ai jamais déguisé ma pensée.

GUSTAVE.

Vous m'imputez à crime un sacrifice que vous avez rendu nécessaire.

LARONCIÈRE, *froidement.*

Le sort de ceux qui écoutent est d'entendre rarement leur éloge.

GUSTAVE.

M'accuser de ne pas l'aimer !

LARONCIÈRE.

J'en suis fâché, je l'ai dit.

GUSTAVE.

L'avez-vous cru, Eugénie ?

EUGÉNIE.

Vous nous perdez.

GUSTAVE, *avec emportement,*

N'attendons rien d'un homme aussi injuste.

LARONCIÈRE.

Monsieur, trop de chaleur rend quelquefois imprudent.

GUSTAVE, *d'un ton amer.*

Et trop de prudence, monsieur...

EUGÉNIE, *à Gustave vivement.*

Je vous défends d'ajouter un mot.

GUSTAVE, *à Eugénie.*

M'accuser de ne pas vous aimer ! quand on me réduit à l'extré-
mité de renoncer à vous, ou d'en être à jamais indigne.

EUGÉNIE.

Vous oubliez votre père.

GUSTAVE, *regardant Laroncière d'un air menaçant.*

Si je l'oubliais, Eugénie...

EUGÉNIE, *à Laroncière.*

Le désespoir l'aveugle.

GUSTAVE, *avec une fureur froide.*

Un mot va nous accorder. Vous avez, dit-on, promis de ne
rien écrire contre mon père ?

LARONCIÈRE, *se possédant,*

Vous m'interrogez ?

GUSTAVE.

L'avez-vous promis ?

EUGÉNIE, *à Gustave.*

Il s'y est engagé.

LARONCIÈRE, *avec chaleur.*

Pour aucune considération que la vôtre, mademoiselle.

GUSTAVE, *les dents serrées de fureur.*

Oh ! c'est aussi ce qui m'empêche de vous disputer sa main.
Elle est à vous... mais, soyez généreux. (*Il s'approche de lui.*)
Osez tenir parole à mon père, et vous verrez.

LARONCIÈRE, *surpris.*

Oser !...

EUGÉNIE, *se mettant entre deux.*

Gustave !...

LARONCIÈRE, *froidement.*

Oui, monsieur, j'oserai tenir parole à votre père.

EUGÉNIE, *éperdue.*

Ah ! grand Dieu !

LARONCIÈRE, *du même ton.*

Et toute nouvelle qu'est cette façon d'intercéder, elle ne nuira pas à M. Darmancourt.

EUGÉNIE, *à Laroncière.*

Il va tomber à vos genoux, il ne sait pas *(à Gustave)*... Apprenez qu'il s'engage au silence, que lui seul peut vous conserver l'emploi...

GUSTAVE.

Je le refuse.

ÉUGENIE.

Insensé !

GUSTAVE.

Quel bienfait, Eugénie ! j'en dépouillerais mon père, je le payerais de votre main ; et j'en serais redevable à mon ennemi !

LARONCIÈRE, *avec dignité.*

Monsieur !...

EUGÉNIE, *à Gustave.*

Quel est donc le but de ces fureurs ?

GUSTAVE.

S'il ménage mon père, il vous épouse, il est trop récompensé ; mais attaquer mes sentimens pour vous...

EUGÉNIE, *outrée.*

Vos sentimens !... quel droit osez-vous faire valoir ?... Ne m'avez-vous pas rendu ma parole ?

GUSTAVE.

L'honneur m'a-t-il permis de la garder ?... Vous vous privez de tout pour sauver mon père.

LARONCIÈRE.

Quoi ! ces 600,000 fr. qu'on dit empruntés...

GUSTAVE.

Sont à elle ; c'est son bien, c'est tout ce qu'elle possède au monde.

LARONCIÈRE.

Sont à elle ! *(à part)* Ah ! Dieu, que de vertu ! *(Il rêve profondément.)*

SCÈNE VII.

Les Précédens, CERNEVILLE.

CERNEVILLE, *accourant.*

On se querelle ici... Gustave !...

LARONCIÈRE, *après un peu de silence.*

Non, monsieur, on est d'accord. Vous m'avez assuré que vous

laissiez mademoiselle absolument libre sur le choix d'un époux ;
ce choix est fait (*à Eugénie*). Non, je n'établirai pas mon bonheur sur d'aussi douloureux sacrifices ; il n'en serait plus un pour
moi s'il vous coûtait le vôtre.

GUSTAVE, pénétré.

Qu'entends-je !... Ah ! monsieur...

LARONCIÈRE.

Faisons la paix, monsieur Gustave ; je pourrais épouser une
femme adorable, dont l'honneur et la générosité eussent assuré
mon repos ; mais son cœur est à vous.

GUSTAVE.

Combien je suis coupable !

LARONCIÈRE.

Amoureux ! et les plus ardens sont ceux qui offensent le moins.
J'étais moi-même injuste.

CERNEVILLE, à Eugénie.

Tu l'aimais donc ?

EUGÉNIE, embrassant son père.

Ce jour m'a éclairé sur tous mes sentimens.

CERNEVILLE.

Mes enfans, vous êtes bien sûrs de moi ; mais abuserons-nous
du service que nous rendons à son père, pour lui arracher un
consentement que sa fierté désavouera peut-être ?

LARONCIÈRE, à Gustave.

Priez-le de passer ici ; n'armez pas son âme en le prévenant
contre les coups qu'on va lui porter, ne lui dites rien.

GUSTAVE.

Monsieur, vous tenez ma vie en vos mains.

(Il sort.)

SCÈNE VIII.

LARONCIÈRE, CERNEVILLE, EUGÉNIE.

CERNEVILLE.

En l'attendant, dégageons notre parole envers vous, monsieur...
mon caissier va vous remettre 200,000 francs en espèces et
600,000 francs en mandats à vue sur la Banque. Ma foi, ils me sont
arrivés bien à propos ce matin ; si le courrier de Londres avait
été en retard, j'aurais été dans l'impossibilité d'obliger Darmancourt.

LARONCIÈRE.

Que dites-vous ? c'est par le courrier de Londres que vous avez
reçu ce matin ?...

CERNEVILLE.

Près de deux millions, de la maison Hartley ; j'ai encore sur moi la lettre d'envoi. Mes traites sont arrivées par le paquebot le *Duncan*.

LARONCIÈRE.

Mais c'est impossible! on vient d'afficher à la Bourse que le courrier de Londres avait manqué, par suite du naufrage de ce paquebot sur les côtes de Boulogne.

CERNEVILLE.

Quelle histoire!... puisque j'ai déjà encaissé aujourd'hni une partie de mes mandats.

LARONCIÈRE.

On n'a pas pu cependant afficher une pareille nouvelle sans être bien certain... Il faudrait voir.

CERNEVILLE.

Dans un instant, vous ne douterez plus. (*il appelle*) Dubreuil ! (*à Laroncière*) C'est mon caissier ; il nous mettra d'accord.

SCÈNE IX.

Les Précédens ; DUBREUIL.

CERNEVILLE.

Venez ; Dubreuil et dites à Monsieur, si vous n'avez pas reçu ce matin, à la Banque, 1100,000 fr. sur le compte de la maison Hartley, de Londres.

DUBREUIL, *hésitant*.

Monsieur...

CERNEVILLE.

Eh bien! quoi donc ?

LARONCIÈRE.

Parlez ; nous avons besoin d'éclaircir un fait.

DUBREUIL, *embarrassé*.

Mais...

CERNEVILLE, *en colere*.

L'avez-vous reçus ? oui, ou non.

L'Agent de change. 4

LARONCIÈRE.

Il faut répondre.

CERNEVILLE.

Où donc est le mystère?... Il a été comme un fou toute la journée. Les avez-vous reçus?

DUBREUIL, *embarrassé.*

Monsieur, on peut voir ma caisse, elle est au comble.

CERNEVILLE, *à Laroncière.*

J'en étais bien sûr. Ainsi, j'ajoute aux sommes que je vous remets pour M. Darmancourt...

DUBREUIL, *étonné.*

Vous acquittez M. Darmancourt?

CERNEVILLE.

Dubreuil, que voulez-vous dire?

DUBREUIL.

Dans quelle erreur étais-je?

CERNEVILLE.

Encore une fois, expliquez-vous.

LARONCIÈRE.

Je vois clairement qu'il n'est point venu de fonds de Londres.

CERNEVILLE.

Vous n'avez pas reçu les mandats d'Hartley?

DUBREUIL, *vivement.*

Non, monsieur.

CERNEVILLE, *hors de lui.*

Avec quoi donc payez-vous?

DUBREUIL.

Avec onze cent mille francs que m'a prêtés M. Darmancourt.

CERNEVILLE.

Juste ciel!

EUGÉNIE.

Mon père!

LARONCIÈRE.

Ah! quel homme!

DUBREUIL, *avec émotion*.

Huit cents mille francs de sa caisse, et trois cents mille francs à lui. Je ne puis me taire plus long-temps.

EUGÉNIE.

Que j'en suis glorieuse ! Mon âme a deviné la sienne.

SCÈNE X.

Les Précédens, DARMANCOURT.

EUGÉNIE, *l'apercevant, se jette à ses pieds*.

Oh! le plus généreux !...

DARMANCOURT.

Que faites-vous, Eugénie ?...

CERNEVILLE.

Je dois les embrasser aussi.

DARMANCOURT, *les retenant*.

Mes amis!

SCÈNE XI ET DERNIÈRE.

Les Précédens, GUSTAVE.

GUSTAVE, *s'écriant*.

Aux pieds de mon père !

DARMANCOURT.

Dubreuil, vous m'avez trahi.

DUBREUIL, *avec joie*.

Pouvais-je garder votre secret, en apprenant que M. Cerneville acquittait votre dette?

DARMANCOURT.

Il vient à mon secours ! (*à part.*) O vertu! voilà ta récompense ! (*à Cerneville*) Ami, quelles sont donc tes ressources ?

LARONCIÈRE.

Tout le bien de mademoiselle, en dépôt dans ses mains.

DARMANCOURT.

De notre Eugénie?

CERNEVILLE.

Tu te perdais pour moi.

DARMANCOURT.

Et toi, Cerneville?

CERNEVILLE.

Peux-tu comparer de l'argent, lorsqu'il t'en coûtait l'état et l'honneur?

DARMANCOURT.

Je m'acquittais envers mon bienfaiteur malheureux; mais toi! dans tes soupçons sur ma probité, devais-tu quelque chose à ton coupable ami?

GUSTAVE, *avec joie.*

Ah! mon père.

CERNEVILLE, *pénétré, à Laroncière.*

Vous serez satisfait, monsieur. Le premier sentiment lui était bien dû, le second me rend tout entier à mon malheur.

DARMANCOURT.

Voilà ce que j'ai craint.

LARONCIÈRE.

Je ne le vois que trop; c'est vous seul, monsieur Cerneville qui vous trouvez dans la plus cruelle position; mais votre fortune, votre crédit vous offrent des ressources.

CERNEVILLE.

Eh, monsieur! paierai-je demain à bureau ouvert mes obligation avec des immeubles? irai-je le jour d'un paiement, mes contrats de propriété à la main, solliciter un emprunt chez mon notaire, implorer la bourse de mes amis, demander des délais, et me perdre de réputation sur la place, après trente ans d'un crédit et d'une confiance sans bornes auprès de tous mes confrères?

DARMANCOURT.

Malheureux! j'ai bien senti ta position, et j'avais fait tout ce qui dépendait de moi pour te sauver.

CERNEVILLE.

Je n'avais à vous offrir pour mon ami que les mandat d'Hartley. Votre argent est encore dans ma caisse; et dieu me garde d'en user! Dubreuil, reportez le chez M. Darmancourt; et moi, je vais subir mon sort.

DARMANCOURT.

Arrêtez ! je ne le reçois pas.

CERNEVILLE.

Qu'est-ce à dire ?... Gustave.

DARMANCOURT.

Malheureux Dubreuil !

CERNEVILLE.

Me croyez-vous indigne ?

DARMANCOURT.

Monsieur de Laroncière, il serait terrible à vous d'abuser d'un secret que vous ne devez qu'à notre confiance. Non, je jure que l'argent n'y rentrera pas.

CERNEVILLE, *avec enthousiasme.*

Que faites vous, mes amis ? Pour m'empêcher d'être malheureux, vous devenez tous coupables. Oubliez-vous qu'un excès de générosité vient d'égarer l'homme le plus juste; et s'il eut tort de toucher à cet argent, qui m'excuserait d'oser le retenir? (*à M. Laroncière*). Vous êtes de sang froid, monsieur, jugez-nous.

LARONCIÈRE.

De sang froid ! Ah ! messieurs ! ô famille respectable ! me croyez-vous une âme insensible pour l'attaquer avec cette violence ! Vous demandez un jugement ?

GUSTAVE.

Et nous jurons de l'accomplir.

LARONCIÈRE.

Il est écrit dans le cœur de tous les gens honnêtes; permettez seulement que j'y ajoute un mot : Monsieur Cerneville, prouvez-moi votre estime, en m'acceptant pour seul créancier.

CERNEVILLE.

Vous, monsieur ?

LARONCIÈRE.

Donnez-moi votre mandat sur le banquier Hartley, mon caissier va vous faire remettre aujourd'hui les fonds qui vous sont nécessaires pour votre échéance. Je suis assez heureux pour pouvoir vous tirer d'embarras; et cette affaire traitée entre nous aura l'avantage de n'être plus qu'un secret de famille.

CERNEVILLE, *lui donnant le mandat.*

Quoi, monsieur, vous auriez la générosité... Mais moi, dois-je accepter ?

LARONCIÈRE.

Je l'exige...... et vous, Darmancourt, conservez votre place, honorez la long-temps. Unissez à votre fils cette jeune personne qui s'en est rendu digne en sacrifiant pour vous toute sa fortune.

CERNEVILLE.

Mes amis, ma résolution est prise ; je renonce aux affaires..... Demain, je vends ma charge ; nous irons vivre tous ensemble dans mes terres en Touraine, puisqu'il est vrai qu'après trente ans d'une vie honorable et sans reproche, l'agent de change n'est pas certain de conserver un nom sans tache, et qu'il est des événemens qui, défiant toute la prudence humaine, détruisent une réputation que la droiture et la probité ont pris soin de former.

FIN.

Le Libraire POLLET est Éditeur des Pièces ci-après :

www.ingramcontent.com/pod-product-compliance
Lightning Source LLC
La Vergne TN
LVHW022122080426
835511LV00007B/968